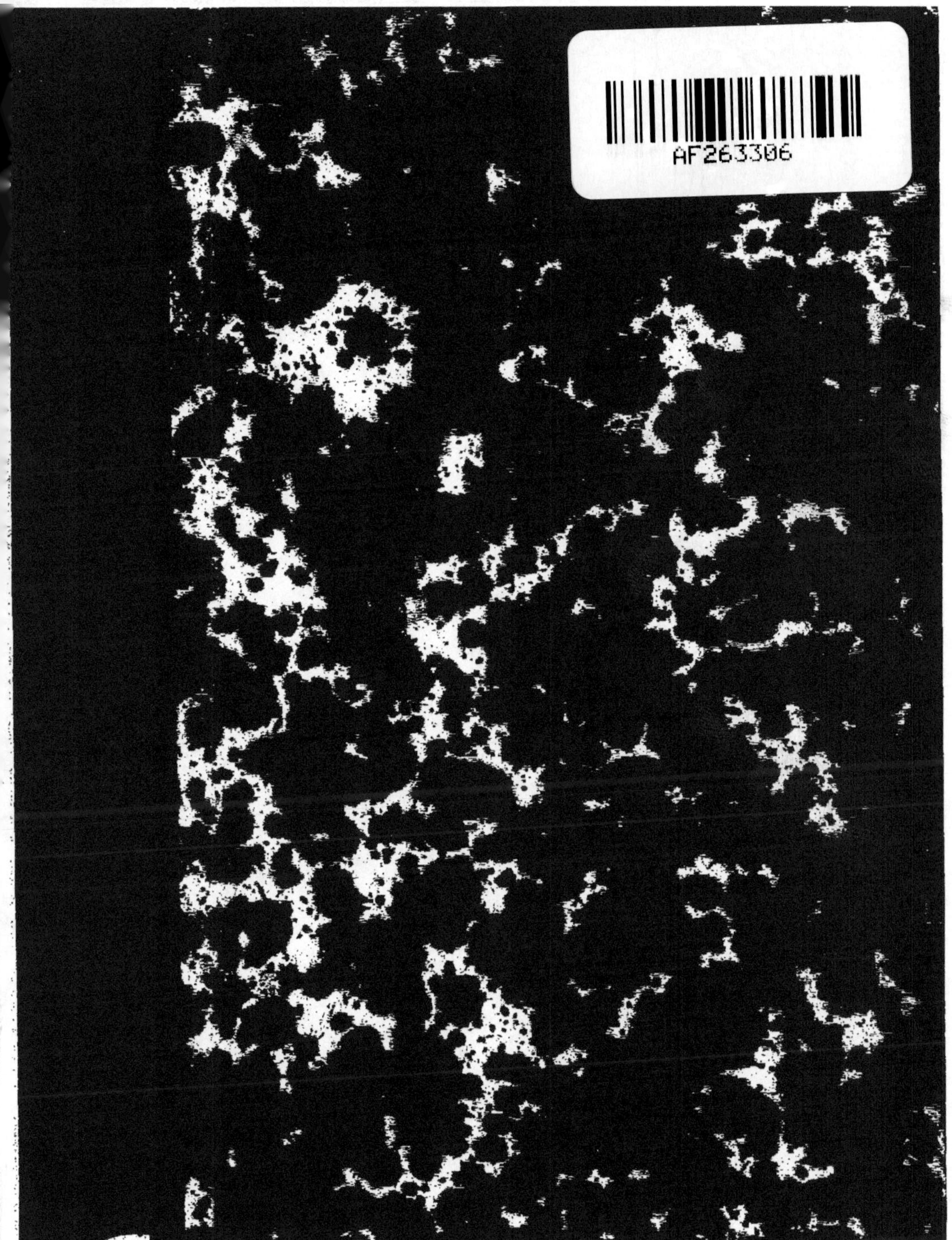
AF263306

DISCOURS

PRONONCÉ A LA SECTION

DE LA BIBLIOTHEQUE,

Dans son assemblée générale du 24 octo-
bre 1790, sur la question du renvoi des
ministres ;

Par J. P. BRISSOT,

Un des électeurs de cette section.

Imprimé par ordre de cette assemblée.

Messieurs,

La question qui vous rassemble , mérite de
vous la plus profonde attention. Il s'agit d'exercer un de vos droits politiques les plus précieux,
d'exercer publiquement votre censure contre les
agens du pouvoir exécutif. Le patriotisme seul
doit retentir dans vos cœurs. Loin de nous les
ames assez égoïstes, pour y laisser quelqu'accès
à des considérations privées !

A

Trois comités réunis de l'assemblée nationale, après avoir examiné les causes de cette insubordination qui agite l'armée et la marine, des troubles qui déchirent le sein de cet empire, de tant de complots avortés en naissant, mais toujours renaissans les uns des autres; des embarras, des obstacles qui arrêtent la marche de la constitution; ces comités, dis-je, se sont convaincus, que la cause de toutes ces calamités étoit, ou dans la malveillance, ou dans la négligence, ou dans l'impéritie du ministère; et en conséquence ils ont proposé à l'assemblée nationale, de demander leur renvoi au chef du pouvoir exécutif. Ils se fondoient encore sur le mécontentement général du peuple, attesté par mille et mille adresses dirigées contre les ministres. Ils n'étoient que vos organes ! Et vous connoissez cependant le sort de cette motion patriotique. Elle a échoué, soit par un défaut de cette tactique si nécessaire, même aux gens de bien, pour faire adopter de sages résolutions, dans des assemblées nombreuses; soit par une confiance imprudente dans les forces du parti populaire; confiance qui n'a pas permis de donner à cette importante motion tous les développemens dont elle étoit susceptible; soit enfin par la lâche désertion de ces faux patriotes, qu'un appel nominal amène entre leur devoir et leur intérêt, entre le cri de leur conscience et leurs spéculations sur les faveurs ministérielles, et qui, n'osant ni se vendre ouvertement, ni renoncer entièrement à l'honneur, consentent à se salir de la tache de la neutralité, tache cent fois plus avilissante que celle de l'aristocratie.

Quoi qu'il en soit, Messieurs, des causes qui ont fait succomber le parti du patriotisme, vous ne devez pas perdre courage. L'obstacle doit irriter l'homme libre qui veut le bien, et multiplier ses forces, au lieu de les diminuer.

L'assemblée nationale a succombé ; c'est au peuple à triompher ; c'est donc au peuple à faire retentir sa voix ; c'est au peuple à demander le renvoi de ces ministres.

Le peut-il ? le doit-il ? Voilà les deux questions que nous devons examiner.

A-t-on jamais pu mettre en problême, si le peuple avoit le droit de demander le renvoi des agens du pouvoir exécutif ? Quoi ! ce peuple, en qui réside essentiellement et inséparablement la souveraineté, n'auroit pas le droit de se plaindre des serviteurs de celui auquel il a délégué le pouvoir exécutif ? Quoi ! ce peuple qui, seul, a le droit de se constituer, de donner les pouvoirs, de marquer leurs bornes ; qui a le droit

(4)

de changer ces pouvoirs, cette constitution, quand l'expérience lui a démontré qu'elle nuit à son bonheur ; ce peuple n'auroit pas le droit de dire à un de ses officiers : Les agens à qui vous confiez l'exercice de vos fonctions, vous trompent, et trahissent nos intérêts ; ce sont nos ennemis secrets ; mille preuves nous l'attestent. Ils ont perdu notre confiance ; vous devez leur retirer la vôtre, ou il n'y a plus de concert entre nous ; non pas que nous vous prescrivions impérativement d'obéir à nos vœux ; non, vous devez examiner ; vous êtes libre de choisir...... Mais souvenez-vous qu'on ne gouverne point un peuple malgré lui.

Ou les principes sont faux, ces principes qui sont le fondement de notre constitution, ou le peuple souverain a le droit de tenir ce langage.

Qu'on ne dise pas ici qu'alors il exerce tous les pouvoirs. Tous viennent de lui. Il conserve sur tous son droit de censure. Mais exercer cette censure, n'est pas dicter tous les jours des loix, des sentences, ou administrer. Ce n'est donc pas s'arroger tous les pouvoirs.

Mais, insiste-t-on, si de toutes les parties du royaume, il arrive des pétitions pour le même objet, dans les mêmes principes, le pouvoir exécutif sera donc obligé de fléchir ; il recevra donc la loi.....!

(5)

Oui, sans doute ; et ce seroit le renversement du bon sens et de la liberté, s'il ne la recevoit pas, s'il la donnoit alors. Ne seroit-il pas absurde que la volonté d'un seul individu l'emportât sur les cris de millions d'hommes ? Peut-on jamais croire que tant de citoyens se coaliseroient, pour demander une chose évidemment injuste ou pré-judiciable à la chose publique ? Eh ! qui peut mieux juger des abus que ceux sur lesquels ils frappent ? Qui peut mieux juger les injustices, les vexations, les traits d'impéritie des agens du pouvoir exécutif, que ceux qui en sont les victimes ?

Le droit de pétition pour le renvoi des minis-tres, dont il est mécontent, ce droit inaliénable du peuple, est donc fondé en raison. C'est le seul mode avec lequel il puisse atteindre ces minis-tres, qui, n'ayant pas besoin de son influence pour arriver à leurs places, seroient indépendans de lui sans ce mode. C'est le seul moyen de mettre à exécution cette responsabilité, qui ne seroit, sans cette censure du peuple, qu'un jouet que les ministres fouleroient aux pieds.

En effet, Messieurs, si l'on n'entendoit, par responsabilité, que le droit de traîner un ministre coupable dans les tribunaux, jamais elle n'auroit lieu. Les ministres adroits sauroient toujours l'éluder, en rejettant leurs fautes, soit sur leurs subalternes, soit sur leur chef, soit sur la fatalité des circonstances, soit sur leur impéritie même ; car l'impéritie ne se punit pas par l'échafaud, et cependant l'impéritie peut occasionner les plus grandes calamités.

Aussi on a rarement exercé dans les tribunaux cette responsabilité contre les ministres ; elle ne l'a été, que dans ces temps de crise, où la liberté luttoit à main armée contre le despotisme, et finissoit par en triompher. Alors on a vu des ministres expier sur l'échafaud tous leurs forfaits, parce que les juges étoient alors animés des grands principes de liberté, ou en craignoient les effets. Et voilà pourquoi dans la révolution de 1650, en Angleterre, plusieurs ministres furent jugés, condamnés, exécutés. Mais hors de ces temps de crise, où le patriotisme domine dans toutes les têtes et étouffe les passions et les intérêts privés, les ministres les plus coupables trouvent toujours un abri, soit dans les formes lentes de la justice, soit dans les chicanes de palais, soit dans la difficulté de rassembler des preuves bien articulées sur des faits souvent plus clairs que le jour, soit dans la force du parti de ces gens corrompus ou neutres, toujours prêts à protéger les coupables, parce qu'ils sont prêts à le devenir eux-mêmes.

Eh ! voilà pourquoi, Messieurs, de nos jours, ce Walpole, déshonoré par le trafic le plus infâme des suffrages, par les déprédations, par des modes d'impôts inconstitutionnels, par les entraves dont il a garroté la liberté de la presse ; ce North qui a plongé l'Angleterre dans une guerre *fratricide*, qui lui a coûté son honneur et plus de 2,400,000,000 ; ce Walpole et ce North sont descendus tranquillement de leurs places, sans être traînés aux pieds des tribunaux. Eh ! si vous voulez encore un exemple plus frappant de la difficulté de condamner les ministres les plus coupables, contemplez cet Hastings, dont le procès dure depuis trois ans. A-t-on jamais accumulé contre un ministre plus de preuves de tyrannie, de concussion, de pillages ? Peut-on espérer de réunir plus de talens, plus de moyens, pour triompher ? Et cependant il est plus que probable que cette comédie de responsabilité se terminera par l'absolution du coupable.

Eh ! Messieurs, pourquoi chercher dans l'histoire de nos voisins des preuves, que nous fournit l'histoire même de notre révolution ? N'avez-vous pas vu les hommes les plus coupables, ceux qui avoient juré votre mort ou votre esclavage, ne les avez-vous pas vus absoudre par un tribunal complaisant ? Cette responsabilité *judiciaire*, que les ministériels (1) font tant résonner, loin d'être une arme contre les ministres pervers, leur serviroit donc de bouclier contre le peuple, s'il n'existoit pas une autre espèce de responsabilité, que j'appellerai *populaire*, parce qu'elle s'exerce au tribunal de l'opinion publique, et par l'opinion publique même. Comme elle est plus douce, elle doit entraîner moins de formes, exiger moins de preuves. Le mécontentement universel doit valoir seul toutes les preuves ; car il est encore une fois difficile que vingt millions d'hommes s'accordent, pour être injustes.

Cette opinion publique doit faire loi pour les ministres ; et le chef même du pouvoir exécutif mettroit la chose publique en danger, s'il ne la consultoit pas. En effet, un gouvernement libre est un gouvernement de *confiance ;* tout doit s'y faire de concert, et par une harmonie continuelle, soit entre les différens pouvoirs, soit entr'eux et le peuple.

------

(1) *Voyez* le discours de Stanislas Clermont sur cette question. Si l'on vouloit sincérement réussir, en poursuivant les ministres , il n'y auroit qu'un moyen, dont on usa dans le procès de Strafford ; ce seroit d'inviter tous ceux qui auroient quelques connoissances de délits ministériels, à les donner à un comité chargé de les recevoir.

(9)

Supposez en effet des ministres corrompus ou ignorans, méprisés ou haïs du peuple, suspects dans leurs intentions secrètes, ils seront éternellement traversés dans leurs opérations; on ne recevra leurs ordres qu'avec défiance ou mépris, on ne les exécutera qu'à demi, on les suspendra souvent; les représentations seront éternelles, et le service public sera interrompu, languira; et il s'élevera un conflit entre le pouvoir exécutif et les divers départemens; conflit qui rendra le premier entièrement nul, et le forcera à un état d'inertie, dont la réflexion sur la chose publique sera la cause de calamités nombreuses.

Dans cet état de choses, qui doit donc céder? Est-ce un, ou plusieurs gouvernans, ou des millions de gouvernés? Douter un instant, seroit démence. Ou il faut ressusciter le despotisme, ou il faut que le délégué cède à son souverain, au peuple qui parle.

Ce délégué doit donc entièrement diriger sa conduite d'après l'opinion générale, ou il s'expose, ainsi que l'état, aux plus grands malheurs.

Cette opinion peut se manifester par différentes voies; par le peuple directement, par les corps administratifs, et par l'assemblée nationale elle-même.

Les ennemis de la chose publique, qui lui ont contesté ce pouvoir, et qui ont cité, pour appuyer leur hérésie, l'exemple de l'Angleterre, ont prouvé leur ignorance ou leur mauvaise foi (1). Sous Charles Iᵉʳ., le long parlement ne

____

(1) Je crois devoir citer ici ce que j'ai déjà imprimé ailleurs, sur les faits faux relatifs à l'histoire d'Angleterre, avancés par M. Cazalès dans son discours sur cette question.

M. Cazalès a souvent rappellé l'histoire de Charles Iᵉʳ dans ce discours. On sait dans quelle vue les royalistes font ces citations : ils veulent effrayer le chef de notre nation, et comparer l'assemblée nationale au long parlement ; ce qui est atroce et absurde sous tous les points de vue.

« Pendant les longues convulsions, dit M. Cazalès, dont l'Angleterre fut agitée sous le règne de l'infortuné Charles, Strafford, ce ministre dont les talens égaloient les vertus, périt sur un échafaud ; mais l'Angleterre pleura sur sa tombe, mais l'Europe entière honore sa mémoire, mais son nom est un objet de culte pour tous les sujets de l'empire britannique ».

Il n'y a que cinq faits faux dans ce court paragraphe; 1°. Strafford n'avoit point de vertus; 2°. Strafford avoit peu de talens, et ils furent funestes à la patrie; 3°. l'Angleterre se réjouit de sa mort; 4°. l'Europe ignore son nom ; et le culte pour ce nom n'existe que dans la cervelle de M. Cazalès. Plus d'un Anglois aura ri sans doute de cette idolatrie que prête M. Cazalès à sa nation ; et plus d'un aura été indigné de l'appellation de sujets de l'empire britannique.

s'amusoit pas à faire des pétitions pour le renvoi des ministres ; il leur faisoit faire leur procès ;

Sir Philipp Warvick, qui a écrit les mémoires de ce temps-là, et que l'on doit croire ici, puisque c'étoit un fervent royaliste, raconte que le jour de l'exécution de ce ministre fut un jour de fête à Londres et dans tous les environs. On accourut des campagnes pour le voir exécuter ; et les paysans, en s'en retournant et en passant dans les autres villes, faisoient sauter leurs chapeaux en criant : *Sa tête est à bas !* Voyez *Warvick's memoirs*, edit. 1701, p. 163.

Strafford débuta dans la carrière politique par un trait infâme qui doit le faire juger. Il étoit membre de la chambre des communes du parti de l'opposition, et s'étoit élevé avec force contre la couronne, lors d'un emprunt et de la pétition des droits. Le roi, qui le redoutoit, l'acheta, avec le titre de pair et la présidence du département du nord. Strafford eut d'abord honte de son apostasie, puis s'endurcit, et voulut la justifier. *Pym*, un des plus vertueux républicains de ce temps-là, et un des membres de ce parti, vis-à-vis duquel le lâche s'excusoit, lui répondit : *Vous nous avez quittés, mais je ne vous quitterai pas, moi, tant que votre tête sera sur vos épaules ;* et Pym tint parole.

Strafford, devenu ministre, adopta tous les principes du despotisme. Il avoit avec son maître la bassesse du plus vil des courtisans ; tandis qu'avec ses inférieurs, il étoit dur, insolent, vindicatif. Dévoré par une ambition irrassasiable, il employa tous les moyens pour la satisfaire. La vanité égaloit son ambition ; il la porta au point de persécuter avec acharnement ceux qui ne s'abaissoient pas devant lui aux

et plusieurs d'entr'eux périrent sur l'échafaud.
Le siècle actuel a vu d'ailleurs plusieurs minis-

---

cérémonies les plus abjectes. Il porta dans son gouvernement d'Irlande le faste et la hauteur du despotisme oriental.
Il répondit un jour à une pétition du peuple d'Irlande :
« Vous êtes une nation conquise, et vous devez recevoir la
loi de votre conquérant ».

Les magistrats de Dublin lui citoient leurs chartres pour
s'exempter du droit de loger les soldats. « Qu'est-ce que
signifient ces vieux parchemins mangés par les vers, leur dit-
il. Le roi peut faire ce qu'il veut ».

Lord Coke, chassé d'une de ses propriétés par un ordre
de Strafford, commença un procès. « Retirez, lui dit-il, vos
assignations, ou je vous confine au château ; je n'entends pas
que mes ordres soient jugés par la loi ou contestés par des
légistes ».

Voilà une esquisse des vertus publiques de Strafford :
Voulez-vous un trait de ses vertus privées ? — Sa première
femme surprend une lettre de sa maîtresse, la lui apporte,
lui reproche son infidélité : il lui donne un coup violent
dans le sein ; elle étoit enceinte, elle meurt. *Voyez Baill
letters.*

Strafford engageoit continuellement le roi à déclarer la
guerre à son parlement. Il leva des troupes en Irlande à
cet effet, il écrasa ce pays d'impôts pour subvenir à cet arme-
ment ; et ce furent-là les deux faits principaux qui lui firent
porter la tête sur l'échafaud. Ils violoient deux statuts,
l'un de la 25me année d'Edouard III, l'autre de la 18me de
Henri VI.

Que celui qui doute des crimes de Strafford, lise le

tres forcés d'abandonner les rènes du gouvernement à la voix de la majorité, soit de la chambre
des communes, soit de la nation; je vous en ai
cité des exemples.

J'ai cru devoir m'étendre sur ce point, parce
que cette matière est encore neuve, et parce
que nos ennemis ont cherché à l'obscurcir.

Avant que de la quitter, je dois ajouter un

---

discours que Pym, autrefois son ami, prononça contre
lui, et il sera convaincu que ce tyran avoit renversé tous
les principes de la constitution angloise, et introduit le despotisme le plus violent. Eh! voilà l'homme que M. Cazalès
fait regretter de tout l'univers. Ah! l'univers seroit bien
lâche, s'il prostituoit ses larmes sur la tombe de ses bourreaux.

Ce que je viens de dire doit donner une idée de l'éru-
dition angloise ou de la bonne foi de M. Cazalès. Ses autres
citations ne sont pas plus justes. Il parle de deux adresses
faites sans succès par le long parlement à Charles I.er, pour le
supplier de renvoyer ses ministres. Dans l'origine, il y en
eut une sans succès, et les communes alors, au lieu de s'a-
muser à répéter cette farce, firent faire le procès aux ministres coupables, et les firent condamner; ce qui leur réussit
mieux.

Il ne seroit pas difficile de prouver que ç'a toujours été un
droit dans le peuple et dans les communes, et une pratique
constante, de présenter des adresses au roi pour le renvoi
des ministres qui avoient perdu la confiance de la nation ou
de la chambre; et M. Cazalès, qui cite l'histoire du ministère
de Fox, auroit dû citer aussi le renvoi du lord North, en

mot sur les personnes auxquelles l'adresse doit être envoyée. On a prétendu qu'elle devoit être faite au roi seul : c'est une erreur. S'il en devoit être ainsi, les ministres, accoutumés à intercepter la communication entre le peuple et le chef, pourroient dérober à ses regards ces pétitions ; tandis qu'on n'a point à craindre cette fraude, en déposant l'adresse dans le sein de l'assemblée nationale, en même temps qu'on l'envoie au chef de la nation.

Maintenant il s'agit d'examiner si on doit lui demander le renvoi de ses ministres actuels. On pourroit se dispenser, pour fonder la justice de cette demande, d'entrer dans de longs détails, de rassembler beaucoup de preuves. Le cri général et constant de la nation suffit, comme je l'ai déjà dit, parce que la défiance étant universelle, le mouvement de la machine peut être arrêté. *Salus populi, suprema lex esto.*

Qui d'ailleurs, Messieurs, ne se rappelle pas, en rétrogradant sur les événemens passés, les griefs principaux, qu'on peut élever contre les ministres ?

1783, et les différentes résolutions prises alors par la chambre pour l'expulser, et le renvoi du fameux Walpole.

Au surplus, ce point ne peut faire aucune difficulté, et le peuple et toute assemblée ont le droit de s'adresser au roi pour le renvoi de ses ministres, lorsqu'ils ont démérité de la chose publique.

(15)

Qui ne se rappelle pas les réclamations portées de tous les points du royaume, contre la malveillance, ou au moins la négligence dans l'envoi et la circulation des décrets ? négligence funeste, parce que de l'ignorance des décrets résulte une infinité de désordres.

Qui ne frémit pas, de voir dans de pareilles mains le choix d'une classe d'officiers publics qui peut avoir la plus grande influence sur les tribunaux (1) ?

Qui ne se rappelle pas les troubles excités dans la marine, et qu'on doit à la protection ouverte accordée à l'aristocratie des officiers contre les justes réclamations des matelots, à la sévérité injuste déployée contre ces derniers; à la privation des bienfaits de la révolution ? Qui ne se rappelle pas que l'insurrection de Brest, où la bonne discipline et le patriotisme des matelots ont brillé, est dûe à la nomination imprudente d'un officier, dont les sentimens sur la révolution étoient plus que suspects ? Eh, que dira-ton quand on saura que le ministre de la marine a porté son mépris pour les couleurs nationales, au point de les défendre publiquement

____

(1) Les choix que l'on cite déjà doivent donner le plus mauvais augure de la composition de ces tribunaux. Les

aux vaisseaux marchands (1), et de leur déclarer
que, s'ils étoient pris, il ne les protégeroit pas ?
N'est-on pas encore en droit de reprocher à ce
ministre sa conduite relativement aux colonies,
le choix d'officiers qui, sous un prétendu
amour des règles, cachoient leur aversion pour
la révolution, et leur ressentiment contre ses
partisans ! — Eh ! si le voile qui couvre la cor-
respondance des colonies pouvoit être levé,
vous y verriez à quels dangers on les a exposées.

N'a-t-on pas droit de faire les mêmes repro-
ches au ministre de la guerre ? Que répond-il à
tant d'accusations élevées contre lui, pour sa
partialité envers les officiers, lorsqu'il traitoit
avec la plus grande sévérité les soldats, pour les
lettres-de-cachet qu'il a données contre les mili-
taires patriotes (2) ; pour tant de cartouches

uns sont choisis parmi les anciens agens du gouvernement;
d'autres qu'on désigne, sont des ennemis ouverts de la
constitution ; d'autres sont diffamés ou détestés par le
peuple.

(1) Cette défense a été signifiée notamment à Dunkerque

(2) *Voy.* entr'autres l'histoire du brave fourrier Muscard,
qui depuis neuf mois languit dans les prisons en vertu
d'une lettre de cachet. *Voyez* celle de M. Davoust, arrêté
d'après une lettre-de-cachet, signée la Tour-du-Pin, et
dénoncée par la section de Mauconseil, qui en a les
preuves.

infamantes

infâmantes, dont on payoit le patriotisme trop fervent ; cartouches délivrées même depuis le décret qui le défend ; pour la négligence avec laquelle on a laissé nos frontières dégarnies, ou uniquement protégées par des troupes étrangères ; pour la facilité coupable avec laquelle on a accordé des milliers de congés ; pour les tableaux perfides et mensongers présentés à l'assemblée nationale sur l'état de l'armée, où l'on déguisoit les délits des officiers, lorsqu'on exagéroit les fautes des soldats ; pour la négligence avec laquelle on a fait rendre les comptes à ces derniers ; pour la nomination à l'armée de Metz, d'un général dont les sentimens excitoient une défiance universelle ; d'un général désigné hautement pour commander le parti des contre-révolutionnaires ; enfin, pour le massacre de Nancy, qu'on doit en partie au choix de ce général ; massacre qui eût été prévenu infailliblement par un général patriote ; massacre, où des frères se sont égorgés pour un mal-entendu, prémédité par des scélérats, où des soldats qui vouloient obéir, et qui ont été entraînés par la fatalité des circonstances, ont été punis d'un délit qu'ils n'avoient ni voulu commettre, ni commis. — Ah ! qui peut balancer, en contemplant cette scène de sang, à demander l'expulsion des minis-

B

tres, dont le choix détestable a causé cette cala-
mité ?

M'arrêterai-je long-temps à cet autre ministre
dénoncé depuis long-temps aux tribunaux....?
Les preuves sont sous vos yeux. Je n'ai pas
besoin de vous rappeller sa conduite à Marseille,
à Montauban, à Versailles, ni la réplique invin-
cible faite à sa justification par le comité des
recherches. M. Guignard est jugé ; et cependant
il ose encore tenir les rênes, d'une main déclarée
coupable, d'une main anti-révolutionnaire ! Oui,
c'est la honte de la révolution, que cette audace
soit impunie ; que l'assemblée nationale ne rejette
pas toute espèce de communication avec cet en-
nemi de la chose publique.

Il est un ministre qui d'abord a été compris
dans la dénonciation, et qu'ensuite on en a ex-
cepté ; c'est une faveur injuste.

A-t-on donc oublié que le ministre des affaires
étrangères n'a rappellé aucun ambassadeur,
quoiqu'aucun n'ait prêté le serment civique ;
quoique tous, élevés dans les principes du despotisme, élevés par l'intrigue ou la corruption,
doivent détester une révolution qui change tout
le système tracassier de la diplomatie, qui les
rend presque tous inutiles ? La plupart, on le
sait, décrient la révolution dans les cours étran-

gères, favorisent les projets qui tendent à la détruire. On le sait, et on les souffre, et on ne les remplace pas par des citoyens d'un patriotisme éprouvé ? Loin de-là, aux places vacantes on nomme des ennemis de la chose publique. Je n'en citerai qu'un exemple frappant, et dont je pourrois fournir les preuves; c'est celui de l'ambassade de Berlin ; on l'accorde à un homme qui a professé publiquement en Amérique sa haine pour les gouvernemens libres.

Ce n'est pas tout, suivez le ministre des affaires étrangères, dans sa conduite avec l'Espagne, les Brabançons, les Avignonois.... N'a-t-til pas ouvertement protégé le maintien de ce *pacte de famille*, onéreux pour la France, absurde dans ses conditions, inconciliable avec les bases de notre constitution, et dont l'exécution actuelle pourroit l'ébranler ? — Qu'a-t-il fait encore pour empêcher la guerre entre l'Espagne et l'Angleterre ? ou plutôt, que n'a-t-il pas fait pour l'allumer ? Car est-il concevable que, s'il n'entretenoit pas l'espoir de l'Espagne, cette cour foible hasarderoit une guerre dont les suites peuvent devenir aussi funestes pour elle ? Inculpé par notre ambassadeur dans ce pays ; inculpé d'avoir dérobé à la connoissance de l'assemblée nationale, des lettres de la plus grande importance, qu'a-t-il répondu ?

Supposez Coligny, Sidney, ou tel autre patriote à la tête du ministère, lors de l'insurrection des Brabançons, n'auroient-ils pas saisi avec avidité cette occasion d'assurer, et leur indépendance, et un boulevard à la France ? Car un peuple libre est le meilleur rempart pour un peuple libre, tandis qu'une horde d'esclaves n'est presque toujours qu'une meute d'ennemis, prête à déchirer ses voisins, au coup-d'œil de son maître. Eh ! qu'on ne vienne pas m'objecter la superstition, les intrigues des prêtres et des nobles qui auroient combattu contre cette sainte confédération entre la France et les Belges. Un négociateur habile eût vaincu ces difficultés ; et d'ailleurs, le parti qui dirige maintenant cette insurrection, a constamment voulu se jetter dans les bras de la France, et on l'a toujours repoussé ! Etoit-il donc si difficile de lui imposer la loi, lorsque la paix seroit rétablie, d'assurer une représentation égale au peuple ? Ces chefs du parti Brabançon ne l'ont-ils pas offert ? On les a cependant dédaignés ; et pourquoi ? parce qu'on veut les remettre dans des fers autrichiens ! Ainsi l'on sacrifie les intérêts de la France, à la considération d'un être, pour qui la France seule devroit maintenant exister ! Le même esprit n'a-t-il pas encore dicté la conduite du ministre à l'égard des Avignonois ? Il dépendoit de lui de rendre ce peuple heureux ; de couvrir la France de gloire, en écoutant les offres de ce peuple qui veut être libre, et qui doit l'être, puisqu'il le veut ; et on le repousse, et l'on fomente les troubles autour de lui ! Le mépris pour la liberté ne perce-t-il pas dans toutes ces opérations ? Croirez-vous que c'est impéritie ? je le veux ; malveillance ou impéritie, elle est également funeste, et l'on ne peut conserver un pareil ministre.

Eh ! vous citerai-je ici, Messieurs, l'opprobre dont on couvre publiquement la France et les François dans les pays étrangers. — Qu'on ne nous dise pas qu'il est impossible de les faire respecter au dehors dans ces temps de crise. Vain subterfuge ! Le plus beau moment de la puissance extérieure de l'Angleterre, a été celui de sa révolution de 1650 ; et cependant elle étoit déchirée par une guerre intestine, et nous avons la paix. C'est alors que le fameux Blake forçoit les Hollandois à fuir dans leurs marais. C'est alors que les ambassadeurs de la République angloise, parlant avec une fierté romaine dans toutes les cours, les forçoient d'abandonner les intérêts du fils de leur prince proscrit. Tout plioit alors sous l'Angleterre. Vent-on savoir qui opèroit tous ces miracles ? Le voici : les ambassadeurs, les généraux, les amiraux étoient choisis parmi les patriotes, et non parmi les aristocrates cachés, ou de dangereux impartiaux. Eh ! qui les choisissoit ? Les représentans du peuple, c'est-à-dire le peuple. Tant qu'il n'en sera pas ainsi parmi nous, tant que la voix publique ne sera pas écoutée dans le choix des ministres, déchirés au dedans, nous serons méprisés au dehors.

Enfin, qui de vous ne doit pas être surpris qu'on n'ait pas compris, dans cette dénonciation, le ministère actuel des finances ? Deux individus dirigent le jeu de cette machine importante; la nullité chez l'un couvre les intentions, et doit le sauver d'une accusation; l'autre est la créature, l'ombre d'un ministre fugitif, dont il suit les erremens, avec des vues plus rapetissées encore. Qui ne doit pas frémir en pensant que le trésor public est confié à de pareilles mains, au moment où il va être inondé d'assignats, et où le soutien de leur crédit exige tout-à-la-fois une probité intacte, un patriotisme pur, et les plus grands talens; probité, patriotisme, talens,

qui seuls peuvent commander la confiance publique ? Si 400 millions ont disparu en six mois,
sous le précédent ministre , que sera-ce sous
l'ordonnateur actuel ? Qui peut nous répondre
qu'il n'existe pas des canaux secrets où coule
le sang des peuples ? Le soupçon seul fût-il
mal fondé , ne peut-il pas avoir la plus funeste
influence sur le sort et le crédit des assignats ?

De tout cela , que résulté-t-il ? que le renvoi
des ministres devient nécessaire, indispensable
au salut de la chose publique.

Mais vainement vous les aurez fait descendre
de leurs places , si le même esprit règne dans
leurs successeurs, dans leurs bureaux ; si l'on
y conserve ces hommes qui, accoutumés à s'en-
richir sous l'ancien ministère , à ne connoître
aucun frein , aucune censure , et à fouler ce
qu'ils appelloient la populace à leurs pieds ,
s'indignent et frémissent aujourd'hui de voir
leurs brigandages démasqués , et leur importance
touchant au néant. Qui doute que dans un pareil
esprit, ils ne contrarient toutes les opérations
de l'assemblée nationale ? Qui doute, en conséquence, qu'en élevant des patriotes au ministère , il faut que tous les bureaux soient géné-
ralement purifiés par le patriotisme , et que pas
un des profanes n'y souffle son poison ?

Messieurs, ne vous laissez pas fléchir par les sophismes insidieux, et l'espèce de résignation simulée, que les ministres témoignent dans leur lettre au roi.

Ils citent le vœu des représentans de la nation, qui en a porté plusieurs d'entr'eux à leur place ; et ce vœu aggrave leur délit, puisqu'ils ont trahi cette confiance honorable, qui devoit être le gage de leur patriotisme.

Ils citent la loi de la responsabilité à laquelle ils s'étoient d'avance soumis ; et ils savent bien que cette loi n'existe pas, qu'elle n'est qu'un mot, et qu'elle ne sera presque toujours qu'un mot.

Ils se récrient contre les inculpations hasardées contr'eux, qu'ils disent mille fois *plus dures que la loi.*

Je le crois, la loi n'existe pas, et ne s'exécute pas. Inculpations, calomnies, sont des mots avec lesquels les ministres sont accoutumés à répondre à la juste censure des peuples.

Ils citent, en leur faveur, le témoignage du chef de la nation ; — et le dissipateur Calonne, et le fourbe de Brienne le citoient aussi. Qui ne sait qu'un cœur bon, qu'un esprit droit, sont aisément surpris par des hommes astutieux ?

Ils citent le sort qu'a eu le décret proposé

contr'eux , et dicté, disent-ils , par la justice ,
par la majorité ; — et ils oublient que ceux
même qui ont voté contre le décret , ont
annoncé pour eux le mépris le plus marqué.

Ils citent la généralisation et l'amertume des
imputations, l'inarticulation de faits précis ; — et
ils oublient que la censure du peuple porte moins
sur des crimes articulés et prouvés , que sur
une *conduite* constamment marquée par l'incapa-
cité, la négligence ou la malveillance, dont les
caractères ne sont visibles qu'en rassemblant une
série de faits qui, pris séparément, ne sont pas tous
des délits, qui, collectivement, offrent la preuve
qu'un tel ministre est ou indigne , ou inca-
pable de servir la chose publique.

Ils citent la facilité qu'ils auroient à rendre
sensible la pureté de leur conduite. — Eh! que
ne le font-ils ! que ne paroissent-ils devant le
tribunal du peuple ! que n'impriment-ils !

Ils citent les impressions fâcheuses qui pourroient, disent-ils à leur chef, résulter pour le
bien de votre service , de l'éclat même de la
discussion , et du fantôme de *méfiance* qu'on
cherche à exciter contr'eux.

Vains subterfuges ! langage usé du ministère
passé ! L'homme, dont la conscience est irrépro-
chable, n'a jamais fui la lumière ; et jamais l'é-

clat d'une discussion n'a nui à une bonne cause
ni au peuple. Ce qui leur nuit, c'est d'étouffer
cette discussion ; et la recherche des ténèbres ,
est presque toujours un indice sûr du crime. —
Les ministres ont-ils donc une triple écaille sur
les yeux, pour traiter de fantôme la méfiance
universelle excitée contr'eux ? Fut-elle jamais
plus manifeste, plus générale à l'armée, dans nos
ports, sur nos vaisseaux, dans les municipalités,
à l'assemblée nationale , dans tout le peuple
enfin...? Mais pourquoi citer ici ce peuple ? il
semble qu'il soit nul pour ces ministres ; ils ne
voyent que le bien du *service du roi* ; ils ne par-
lent que de ce service ; et leur premier maître,
ils l'oublient.

Enfin, le croirez-vous , ces ministres balan-
cent entre le cri du peuple et le désir de conserver leur place, et ils déclarent s'en rapporter
au roi ! N'est-ce pas une comédie insultante pour
le peuple ? Si les ministres étoient pénétrés du
respect qu'ils doivent à l'opinion publique , de
l'impossibilité , du danger de s'obstiner à gouverner malgré la majorité de l'assemblée nationale , (car la majorité est personnellement contr'eux) au lieu de ces ambitieuses hésitations ,
n'auroient-ils pas résigné sur le champ ? Eh ! qu'ils
viennent encore nous parler des épines sans

cesse renaissantes de leur carrière pénible!... Peut-on y croire, en les voyant s'acharner à conserver ces épines ?

Puisque les ministres oublient leur devoir, vous ne devez pas oublier le vôtre ; et, en conséquence, je vous propose d'adopter les résolutions suivantes.

Vous y trouverez le rappel des principes ; il m'a paru nécessaire, parce que nos ennemis les oublient en les dénaturant ; parce qu'un peuple libre est un peuple qui raisonne, et qu'un peuple qui raisonne doit, quand il manifeste son opinion, montrer les principes qui le dirigent.

Vous n'y trouverez pas ces formes humiliantes, que dans quelques pays libres, le peuple conserve encore dans ses adresses. Son langage doit être simple, précis, sans faste, comme sans bassesse, tel, en un mot, qu'il convient à la majesté du peuple.

J'ai cru devoir ces lignes à ceux qui ne sont pas encore familiarisés avec les formes fières des hommes libres.

Arrétés de la section de la Bibliothèque, concernant la question du renvoi des Ministres, pris en assemblée générale, le 24 octobre 1790.

La section de la Bibliothèque, délibérant sur la question du renvoi du ministère actuel, a arrêté les résolutions suivantes :

Il est du droit inaliénable de la souveraineté du peuple d'exercer sa censure contre les agens du pouvoir exécutif, desquels il est mécontent ; censure, sans laquelle ils seroient indépendans de lui, lorsqu'aucun officier public ne doit l'être.

Il est du devoir du peuple de soutenir ses représentans dans leur conflit avec le ministère ; il le doit à sa propre dignité, à celle dont il a revêtu ses mandataires, et à la nécessité de maintenir le respect qui doit couvrir les législateurs et la loi.

Il est du devoir du peuple de manifester son vœu dans cette circonstance, lorsque les agens du pouvoir exécutif refusent d'adhérer au vœu de ses représentans. Ce refus est un appel au peuple, et c'est-à-lui-seul à décider. Sa décision, déclarée par l'opinion générale, doit faire la loi aux ministres. Il est contre l'esprit d'une constitution libre, dont la confiance est le principal ressort, qu'un ministre veuille gouverner, quand il a perdu la confiance des peuples.

Tout se réunit, tout dépose contre les membres du ministère actuel ; tout atteste, ou leur impéritie, ou leur négligence, ou leur malveillance pour le succès de la révolution.

Le renvoi doit frapper tous les ministres, sans en excepter un seul, ni celui des affaires étrangères, ni celui des finances.

Tout dépose également contre l'esprit qui dirige leurs subalternes. Le renvoi doit en être également général, si l'on veut déraciner entièrement le mal.

La nation a trop de confiance dans la droiture des intentions du roi, et dans son attachement, bien manifesté, à la constitution, pour ne pas espérer qu'il remplacera le ministère actuel par des hommes intègres, éclairés, d'un *patriotisme éprouvé*, et honorés de l'estime publique.

Les mêmes causes doivent entraîner le rappel des ambassadeurs dans les cours étrangères, et le même esprit doit présider à leur remplacement.

C'est l'unique moyen d'éteindre et de prévenir les troubles au-dedans, et de faire respecter la révolution au-dehors.

Tel est le vœu de la section de la Bibliothéque ; son président est chargé de l'adresser à l'assemblée nationale, au roi; de le communiquer aux quarante-sept autres sections, de le répandre par la voie de l'impression, et d'en adresser des exemplaires aux quatre-vingt-trois départemens, aux différens clubs des Amis de la Constitution, aux représentans des peuples d'Avignon, du Brabant et de Liége.

Arrêté que M. le président est chargé de présenter ces résolutions à l'assemblée nationale, avec une députation qui sera nommée à cet effet.

L. MILLY, président.

JOIGNY, secrétaire.

DE L'IMPRIMERIE DU PATRIOTE FRANÇOIS,
Place du Théâtre Italien.

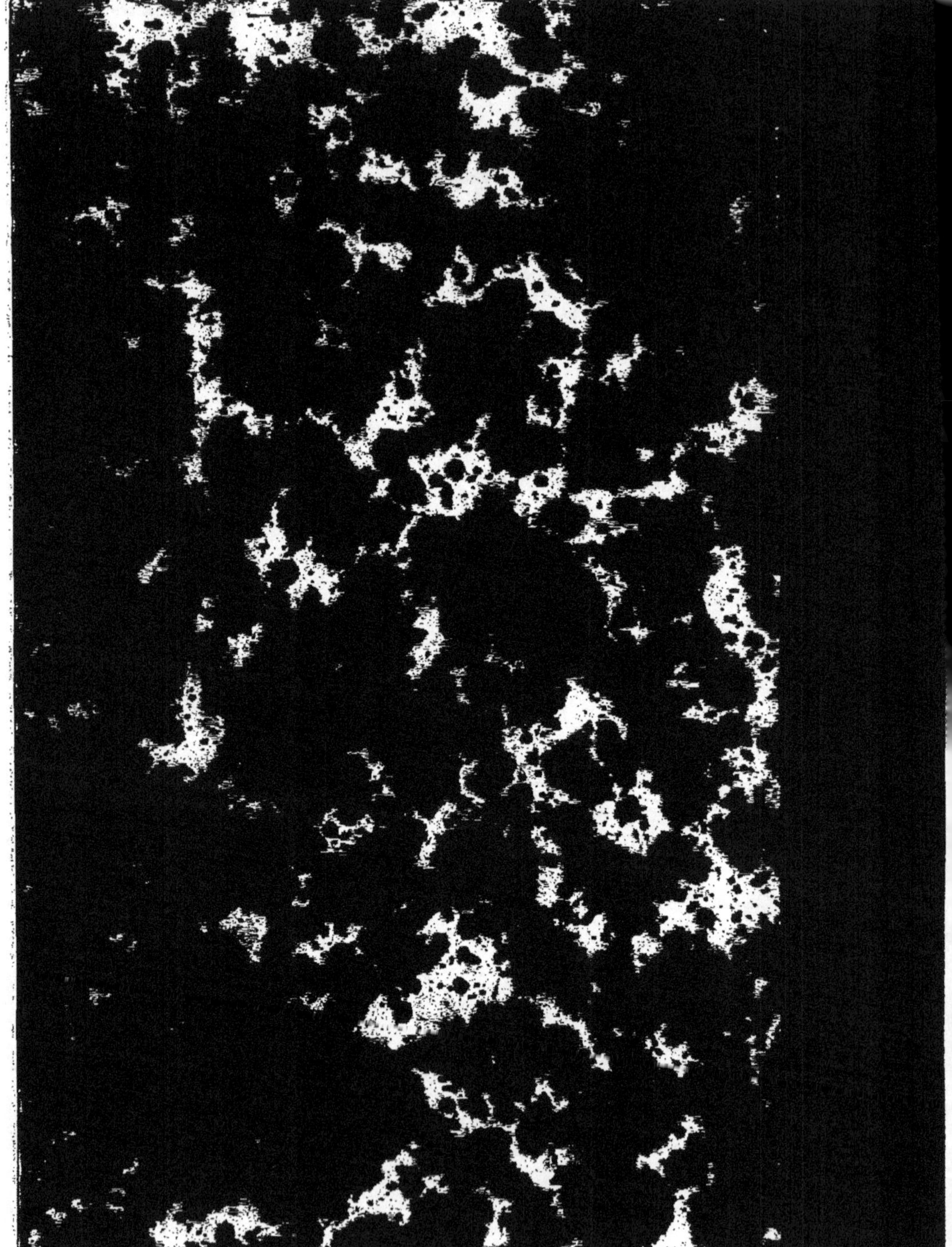